국보현대시선 112

악바리

조혜순 시집

도서출판 국보

‖ 작가의 글 ‖

악바리 시집을 내면서...

살아온 발자취가 한 세기의 절반도 못 미치는 시점에서 짧은 세월을 거쳐 오면서, 삶의 소중함과 세상에 찌든 때와 그 먼지를 고스란히 자신이 둘러쓰면서까지 가슴 깊은 곳에 묻어 두고 있었던, 45년간의 일기를 시간적인 차를 두고서 시로서 나타내고자 한다. 어쩔 수 없는 상황에서 포기라는 단어를 수도 없이 받아들이고 자신을 합리화시키며 꿈을 접으며 행복한 미래를 향해 눈 뜬 봉사로 지금까지 달려 온 셈이다.

시로 표현한 내용이 꼭 필자 자신이 아니더라도 시를 접하는 독자분들의 공감대가 한 번 쯤은 형성되리라 생각하면서, 얽매어진 사상과 현실에서 도피 할 수 없는 상황을 바보 같은 허수아비 생을 묵묵히 살아오면서 눈만 뜨고 있어야 하는, 유리 속에 갇힌 상황에서 억눌려 왔던 자신의 느낌을 시로서 풀어 가고자 한다.

자라나는 새싹 들이 지배적인 환경의 제약을 받아가면서, 음지와 양지로 구분된 환경에서 각각 성장하고 있겠지만, 각자의 상황에서 나름대로 겪어 왔던 필자의 느낌과 억눌렸던 환경의 구속에서 탈피하여, 높은 하늘을 향해 비상할 수 있는 행복한 길을 찾기 위해, 수년간 숨죽이는 시간

속의 울타리 속에서 전쟁 아닌 전쟁을 겪어 왔다. 여전히 비상하려는 이의 날개를 꺾어 버리려고 출구를 봉쇄하고 있는 현재 다툼의 시간에서 틈이 있는 울타리를 찾아서 날기 위한 쉼 없는 준비를 하는 중이다. 어느 누구를 막론하고 하고자 열정을 막을 수 는 없는 법이다.

생채기 투성이인 꺾여 있는 날개를 시간을 두고 치료하며 다독여 오면서 몸소 느껴왔던, 자신의 감정을 시로서 여행할 수 있는 대리 만족을 통해서 필자의 꿈을 글로서 펼치려 한다. 어느 누구든 시 속의 주인공이 되어 자신의 열정을 토하고 이룰 수 없는 현실의 꿈이지만, 푸른 창공을 향해 높이 우주를 향해 비상하기를 바라면서 꿈을 버리지 않고 용기 있는 자만이 자신의 입지를 굳혀 갈 수 있다는 행복한 사실을 명심하고 가는 계기가 되길 바라면서 첫 시집 '악바리' 를 출간하고자 한다.

모든 분들의 꿈과 희망이 항상 곁에서 꿈틀거리기를 바라면서, 행복과 웃음을 잃지 않는 영원한 작가이고 싶다.

미건 조혜순

| 1부 | 해바라기

| 2부 | 호기심

| 3부 | 동행

| 4부 | 미련 곰탱이

| 5부 | 비상

| 6부 | 공간

| 1부 |

해바라기

지게

짚단 사이로 삐져나올 듯한
진한 내음은
빛바랜 럼주통에
고향의 진한 사연을 텃밭에 담았다

뒷간 옆에 있는 지게는
담벼락 어깨너머로 걸린
호박에게 넌지시 미소를 보냈다

초가지붕 위에서 밝아오는 여명이
문풍지 사이로 어설프게 잠을 설칠 때
새벽닭이 힘껏 목청을 가다듬었다

김이 모락모락 피어오르는 여물 솥에는
굽어진 외할머니의 등 사이로
휘젓는 포물선이
주걱에게 바르르 떨었다

깊은 여름밤의 뒷간에는
럼주통 똥 지게가
똥바가지를 눌러쓰고
웃음을 비실비실 흘리고
떡하니 버티고 서 있었다

언제나 귀를 쫑긋 모으던
빼얼건 종이 줄까
퍼어런 종이 줄까
식겁했던 뒷간은
수많은 전설로 가득했다.

고모

삐꺽거리는 양철 대문을
힘차게 열어 젖히면
하늘 아래 하나 밖에 없는
주춧돌이 보인다

이마같이 넓은 마당에
대나무 작대기에 걸린
하이얀 무명천이
한없이 높게만 보였다

유유히 거닐던 닭들은
한 걸음에 달려온
소녀의 발자국 만큼
놀란 가슴으로 줄행랑을 쳤다

빠알간 앵두가 익어 갈 때면
마루 한 켠에 종지가 항상
그 자리에 있었다
소녀를 기다리는 태양은
수북이 쌓이는 그 곳의
물끄러미만 바라다 보았다

텃밭에선 태양의 얼굴로
땀으로 머리에 두르시고
새까맣게 타 들어 간
고모님의 엷은 미소가
눈 감으면 잔잔하게
가슴 한곳에 머무르고 있었다.

봉선화

코 끝에 감도는
잔잔한 싱그러움에 눈을 떴다
초록의 향기를 진하게 내뿜을 때
그 누군가는 분명 기억하고 있었다

설레게 하는 꽃잎을 가득 안고
손톱에 올려진 봉선화 꽃잎을
오래전 추억으로 가져갈
동화를 하나하나 묶어서
선홍색의 추억을 진하게 물들였다

빠알간 추억
주홍색 추억
가슴 여린 추억을 차곡차곡 쌓아서
가슴 한켠에 두고두고
너의 존재를 열어 보려고
그 시간의 떨림을 기억하려고
눈을 퍼뜩 떴다.

회색 그네

점점 높아지는 탱자나무 가시 사이로
회색 구름이 보였다
점점 가까워졌다가
멀어지는 하늘에게
눈물을 뿌렸다

점점 다가오는 땅에게도
닭똥 같은 눈물을
한없이 뿌려댔다

친 할머님께서는
염을 하신 상태로
아무 말씀이 없으셨다

목 까지 차 오르는
버거운 눈물을
산너머 걸려 있는 석양이
두 손에 꼭 쥐고 있었다.

뜨물 죽

굴뚝 위로 피어오르는 여명 만큼
창호지 문풍지 사이로
어스름한 새벽이 열릴 때
우렁찬 수탉의 함성이 터졌다

칼 바람을 타고 온
우물 얼음 조각들이
뜨겁게 달구어진 아궁이 사이로
조심스럽게 까치발을 들 때
타오르는 불 쏘시개의
아우성이 터져 나왔다

가마솥에서 흐르는 땀은
옅은 비명을 지르고
하이얀 흔적을 남겼다
입 안에서만 느낄 수 있는
땅콩보다도 더 고소한

뜨물 죽은 이 세상에서
유일한 행복이었다

하지만
훨씬 지난 지금은
그 진한 감동을
감히 품을 수조차 없기에.

* 뜨물 죽 - 쌀을 씻어나온 하얀물을 가지고 쌀가루를 넣고 끓인 죽

유리벽

손을 뻗어 만지고
느낄 수 없는 공간이다
심장은 뛰고 있지만
사상은 살아 있지만
투명하게 보이는 세상을
그저 바라만 볼 뿐이다
단지
전시되어 있을 뿐
사상누각이다

생각을 전해 듣거나
따뜻한 손의 온기를
느끼려고 시도해 보지만
외마디 비명을 토해내고
차가운 벽은 기암 하며
뒷 걸음질 친다

교감을 시도 하려고 하지만
터질 것 같은 심장은
더 이상 압력계가 필요 없다 한다
허상에게 대화를 하고 있을 뿐
전혀 다른 세계가
공존 한다는 사실을 수긍하지 않는다

가까이하기엔
더욱 더 강해지는 집착을
감당하기 벅차기에.

인조인간

생각을 할 수 가 없어서가 아니라
생각을 휴지통에 버려야만
길고 긴 숨을 토해 낼 수 있다

집요하게 주입하는 것 만
입력 할 뿐
내가 가지고 있는 사상은
추호도 없다

좋고 나쁜 것을 선택 할
선택권도 주어지지 않는다
만약
입안에 삼키기가 거북해서
내 뱉기라도 한다면
아주 길고도 긴
파장이 계속해서 일었다

주어진 목적에 의해
자신의 사상을 버리며
혹은
아무런 개혁 없이
무형으로 살아가야만 하는
운명 속에서의 기계로 말이다.

스텐드

정수리 사이로
밤의 전령사가
잔잔하게 흐르고 있다

열어둔 커튼 창 너머로
저 멀리서 소음이
총총 걸음으로
따라 들어온다

이월된 달력의
희뿌연 먼지는
시간을 조급하게 고추 들고
꽉 채워진 일정표로부터
질타를 받는다

어둠을 환하게 밝히고 있는 너를
새벽을 맞으며
어둠을 닫는 너를
종착역에서 너를 환하게
밝혀 두고 싶다.

해바라기

목 마른 태양을 간절히 원했다
언제나 해를 바라보고 있는 너는
잠도 없었지

환하게 웃고 있는 네 미소는
그 어느 누구에게도
찾아볼 수 없는
맹세코 희망이라는
얼굴이었다

언제나 그 자리에서
너만 그리고
너만을 향하고
너만 지켜 주면 그만이었으니까.

정해진 궤도

당장이라도 레일이
고장이 났으면 하고
빌었습니다

하지만
여전히 미친 듯이
잘도 돕디다

누가 당장이라도
멈추게 할 능력을 발휘 할
그런 신적인 존재가
없더이다

그냥
자전만 하고 있습디다
그 고리를 추락 시키기에는
계산이 너무
어렵다 하더이다.

마이동풍

아이고 뭐라고요
안 들리네요
당신 하고픈데로 하시구려
지금
이 상태가 다만 좋기만 하네요

또
뭐라고 하셨나요
가는 귀가 돌아오질 않네요
예
하고픈데로 하시지요
그러나 지금 이 상태가
저는 더 더욱 좋기만 하네요

계속 말씀하고 계셨나요

아

깊은 생각에 못 들었네요

아하

당신 생각대로 하시지요

전 현재가 아주 미칠 듯이

좋고 기쁘기만 하네요.

허수아비

온몸이 너를 향하고 있으나
나의 존재를 알려고 하지 않는다

세상을 알고 깨우치기 까지는
나의 존재를
단지 기억만 할 뿐이다

일편단심인 너를
가까이에서
숨소리를 느끼고 싶다
이생 다 하는 그날까지
두 팔 벌려 너를 안을 것이다

하루라도 너를
맞이하지 않는 날이 없으며
매 순간마다

너를 생각하며
네가 올 때까지
평생을 기다리겠지

시간이 허락하는 사계는
소식을 전해 주지만
여전히
무거운 내 마음을
받을 수가 없기에.

| 2부 |

호기심

스케치

웃는 모습이 맘을 설레게 했다
입꼬리가 올라간 너
돈을 주고도 못 사는
행복한 표정으로
항상 웃고 있었다

손 끝이 말해 주고 있었다
그 행복을 순식간에
잃어버렸다
내 심장은 너무 행복해서
그 희망을 전부 삼켜 버렸다

해 맑은 너의 모습은
내 손끝을 사로 잡았고
네 마음을 전부
잃어 버렸다.

응급실

검 은 손이 세상을 움켜 쥐었다
점점 쪼그라드는 거침 없는
심장의 발작
숨을 조여 오는 압박은
세상의 번뇌

멈추지 않는 불타는 증오는
온몸을 후벼 파고 든다
파르르 떨리는 입술은
차마 세상에게
할 말을 다 하지 못한다

삼라만상의 소우주가
이방의 세계로
흩어져만 가고.

사투

지그시 눈을 감는다
모든 시름 다 안고
버거운 팔을 벌린다

오늘 내가 견뎌야 하는
버거운 숙제를
모진 인연의 끈을
놓고 싶지만

모든게 순리가 있다고
용을 쓰라 한다
시력이 다한 세상은
거침 없는 발악을.

신발

세상의 모든
무게 중심을 떠 받들고

일 년 삼백육십오일을
두 발로 서 있구나

이 세상 어느 곳이든
따라가지 않을 곳이 없구나

닳아 없어지지 없는 한
내 곁에서 머문다.

오차

버려지는 시간적인
착오가 너무 심하다
이미
목까지 차 버린
절박한 한계

같은 하늘 아래
다른 공간에서 느끼는
미친 공유의 떨림

이미 그 시간의
느낌을 잡기엔
너무나 지쳐 있다

남은 시간을 버텨내기란
죽음보다 더
두려운 공포

여전히 너는 내 공간에서만
지배적으로 존재하고
어김없이 다가오는
그 시간적 여행을 하고만 있으니.

순서

눈을 뜬다
꿈속에 있던 단어들이 잠을 깼다

같이 놀던 네가 사라졌다
무수한 단어만 늘어놓고
언어를 담아 올 수 있는
가방조차도
넌 챙겨주지 않았다

아무 준비도 없이
새벽을 맞이했다
꿈속에서 무수히 열리던
단어들은 채비도 하지 않은 채
우수수 바닥에 떨어져 버렸다

춤을 추는 단어를
다 줍기도 전에
회색빛 하늘이 다가왔다
여명이 열릴 때
뛰어가던 시간이 화를 낸다
아침을 맞을 준비도 모르느냐고.

호기심

운동화를 신은 세상은 이래
뭔가가 잘 보이지 않아
목을 자라 목 같이
쭉 내밀어 보지만
머리만 보여

운동화를 신고 있는
세상은 또 저래
애들은 가라 이런다
귀를 쫑긋해 보지만
뭔 말인가 이해가 안 돼

운동화를 신고 있다가
벗은 세상은 달라
까치발을 들어도 잘 안보여
키가 확실히 작다

어른 뾰족구두를 신었다

키가 확 실히 커졌다

하지만 세상은 그대로야

뭔 일인지 모르겠다고

이젠

분명 설명을 들어야 알겠는걸.

힘

아침에 눈을 뜰 수 있는 사실은
오늘이 있다는 걸 알기 때문이지

아침에 웃을 수 있는 사실은
스스로 자신에게 만족하기 때문이지

아침에 행복한 미소를 머금는 이유는
뭔가를 할 수 있다는
막연한 기대감 때문이지

아침에 태양을 향해
걸어갈 수 있다는 이유는
새로 시작하는
시간을 열기 때문이지

아침에 심장이 뛰는 이유는
살아 있다는 사실을

분명 뜨겁게
설명했기 때문이지

아침에 사랑이
피어나려고 하는 이유는
꿈속에서 보았던 봉우리가
눈을 뜨는 힘이
비로소 열리기 때문이다.

행복

언젠가 환하게
웃고 있을 나에게
먼저 박수갈채를 보낸다

하루하루를 무사히 보냈는지
매일매일 떠 올려본다

가족과 함께 할 수 있으므로
존재의 의미를
비로소 알게 되었다

매일매일 네 목소리를
기억해 낸다
잊어버릴 수 가 없는 걸

제일 먼저 떠 오르는 얼굴을 생각하며
예쁜 미소를 그린다
네가 있는 그 사실과
네가 존재한다는
그 사실 하나만으로도 웃을 수 있어서.

광대

환한 하회탈 같이 웃고 있구나
뭐이 그리 즐겁니
속은 냉한 칼 바람을
삭히고 있지만
겉은 조건 없이 던지는
예쁜 얼굴이야

바보라서 웃고 있구나
울 수 없어서 웃는 거라고
세상 사람들에게
환한 어린애 같은
미소를 보인다

서리 품은 차가운 상처를
조용히 에워싸고

말을 할 줄 몰라서
빙그레
미소만 짓고 있구나

애타게 부르는 자신에게
쉼 없이 변하는
카멜레온의 변화무쌍한
힘을 보았기에.

소설

내 꿈을 그린다
현재 누릴 수 없는 공간을
무한하게 만들고
수정이 가능하다

나만의 성에서는
수천수만 가지의 집을 짓고
허물 수 가 있는
조물주가 된다

가질 수 없었던 모든 세상은
상상을 동원한 이상형의 세계로
하얀색 도화지에
오만 삼라만상의
총 천연색이 입혀지고

입체적인 사물의
윤곽이 잡히기 시작한다

독자의 평과 함께
날개 달린 듯
그 두서없는 이야기는
내가 주인공이 되고
네가 주인공이 되고.

달팽이

두 손은 습한 공기를 찾으러
거리에 깔려 있는 따가운 정오를
밀어내려고 무던히도 애를 쓴다
타는 듯 한 갈증이 허물 거리는 몸으로
바짝 기어올랐다

지친 녹음에 부서지는 천상의 음향들은
등에 들쳐 매고 있는
낡디낡은 세상 시름에게 말을 걸었다
넌
왜 그렇게 바닥에 몸만 붙이고 있냐고
휴식과 안식과 내일의 희망이
탄생되는 최고인 공간이 대답했다

지치고 메마른 하늘이 비를 주지 않을 때나
이글거리는 활 화산 같은 태양의 눈이 쏘아 보거나
거친 땅이 얼굴부터 발끝까지

살을 깎아 내리는 고통을 안겨 주어도
인내를 가지고 바닥을 계속
걸어갈 수 있었던 이유가

잠시 쉴 수 있는 꿀 같은 휴식과
희망찬 내일을
내게 선물해 주었기에
온몸으로 낡디낡은 세상 시름을
여전히 지탱할 수 있는 용기를
가지고 있기 때문이라고.

| 3부 |

동행

마주 잡은 손

같은 하늘 아래
말없이 지나온
시간 속에서
온기를 느끼며
시선을 맞춘다

언제나
함께하지 못한 시간에
안타까워
매번 가슴 졸이지만

지금 마주하고 앉은
금쪽같은 이 시간
소름 떨리는 아쉬움이
그물같이 옭아맨다

손에 땀을 쥐게 했던
수많은 시간 속에서
쉼 없이 다져왔던 각오

자신과의 싸움에서
치열한 결투로
낭자한 소외감에
연거푸 과거를 토하고

시행착오로 거듭해 온
삶의 너울 속에서
비춰진 자신의 거울을
들춰 보고 있다.

밤나무

높은 가을 하늘
눈 부신 햇살에
성게 가시처럼 도톰한
짙은 갈색이 눈에 퍼진다

만삭인 어머니의 맘처럼
보기만 해도
배가 부른
행복한 향기는

따끔거리는
가시의 뜀 박질에
손바닥에서 춤을 춘다

장대 치켜든 두 팔은
어깨 무거운 줄 모르고
광주리에 수북히 담긴 행복에
해는 넘어간다.

동그라미

희 뿌연 포물선을
쉼 없이 그리며
두 눈동자에 맺혔다

차 창에 부딪히는 빗 방울이
지나온 세월이
사선으로 하나 둘 씩
힘없이 비껴간다

시작이 있으면
반드시 끝이 있는 법
여러 곳을 돌아도
비로소
원점에서 만난다

팽이처럼
어지럽게 돌고 있다
지구가 돌고 있는
지금처럼 말이다.

거미줄

이슬에 묻혀 있는
여러 개의 작은 공간이
푸른 하늘에 걸렸다

나만의 작은 공간에
수를 놓으며
쉴 수 있는 충전의 기
만들어 간다

한발 한발
발자취를 남기며
엮어가는
내 인생의 울타리

고속도로의 이 길은
쉼 없이 노력하며

달려가야 하는
선택한 오직 그곳이다

내일이 자꾸
보이기 시작하는 건
현재가 미친 듯이 광활하고

선택할 수 있는 방을
부지런히 만들 수 있는
힘이
생겨나기 때문이지.

시선

지치도록 푸른 녹음에
두 손을 뻗어 가지를 쳤다

맺혀있는 방울들은
푸짐한 포장지에
상품으로 매 달렸다

푸른 방울로
줄줄이 사탕으로
영글었다

유리구슬 마냥
시선을 뗄 수 없는
투명함이 사로잡는다

연 초록빛 마음에서
새콤달콤한 보라색
마음으로 변해 간다

시선이 머무는 곳에
기대치만큼
둥글둥글한 내 맘 속으로
탐스럽게 익어 간다.

등

어색해진 시간의 넋두리 속에서
이야기 보따리가 수 없이 쌓여만 갔다
준비한 말은 목 젖에서 휘감기고
혀가 움직이고 있는 건 분명한데
뭔가 전달이 불 분명하다

365일 단 하루도 널 접어둔 날이 없는데
환한 미소로 다가온 네가
내 머릿속에서 숨 쉬고 살아 있던 네가 분명한데
희미한 기억으로 보이는 건
비치는 이유를 몰라서 네게 묻고만 싶다

너무 긴 시간 속에서 기다림이라는
그 명제 하나만으로 분명해진 그늘이 생겼거든
너털웃음으로만 넌지시 답하고 있다
이놈의 양심이 희멀그레한 미소에게만
눈에 접하고 있는 중이다

등에 가려진 사각지대는
읽을 수가 없는 거야
빛에 가려져 있는 자긍심아
도대체 언제쯤이면 눈을 똑바로 뜨고
네 등을 바로 볼 수 있는 우직함으로
나를 대할 수 있겠니

점차적인 밝음으로 그 맘을 읽어가는
현명한 힘아 도대체 언제쯤이면
네게로 향하게 하는 강한 힘으로
행복한 서광을 무거운 두 어깨에
실어 줄 수 있겠니.

해답

모든 이가 한 번쯤은 고개를 돌리고
시선을 집중하는 깜찍하고 귀여운
대상은 분명 아닌데
관심받고 싶어서
사랑받고 싶어서

수 많은 문제 중에서
어려운 문제보다는
쉬운 문제로
종이 한 장을 가득 메우려 한다

왜냐하면
생각을 지나치게 많이 필요 해야만
비로소 풀게 되는
독단적인 잘 난 선생은
사회에서 어울리지 못하지

꽤 많은 시간을 필요로 하는
답으로 문제를 내기로 하는
그런 골치 아픈 어려운 문제는
딱히 좋아하지 않는다고

쉬운 문제에 부딪히고
쉽게 풀어가는 인생살이
그 해답을 필요로 하는
평범한 삶의 에너지를
모두가 원하기 때문이지.

뭐든지 거꾸로 가는

내가 세상에서 제일
행복하다고 생각한다고
거꾸로 생각한다

왜냐하면
해를 거듭하면 할수록
10년도 훨씬 넘는
절반을 뚝 잘라
과거에 살려고만 하거든

하지만
이 바보는 시간이 흐를수록
절반은 깎아 먹는
나누어 버리는
수를 생각한다

타인이 볼 때는
정말 미치는 거지
하지만
내가 생각하는 건
정말 극히 정상이거든

20년이 훨씬 지난 지금도
자신이 청춘인 줄 알고
착각 속에서 살아가기 때문에
추억이라는 기차에
거꾸로 가는 시간에
항상 여행하게 되는 거지.

보물

너무나 소중해서
자꾸
꺼내 볼 수 가 없었다

두고두고
내 깊은 심장에
꼭꼭 묻어 두고 있었다

한시도
생각나지 않는 날이
단 하루도 없었다

행복으로 물들은
수많은 시간들은
숨을 쉼으로 인해서

기억 속에서
살아갈 수 있었다

아껴두고
꺼내보지 못했다
다 닳아서
사라질까 봐.

동행

앞서거니 뒤서거니
한 두발 자국씩 차이의
간격이 벌어졌다

기운이 빠지고
당황함으로
아래로 꺼지는 것 만 같은
두려움이 다가온다

숨 터지는 얇은
풍선 같은 피부
칼로 도려내는 듯한
깊숙한 고통 속에서
숨을 조용히 몰아쉬었다

축 처진 어깨를
아무 말 없이
살며시 어루만져 주는
마음을 읽을 수 있는
소중한 친구가 있었다.

몸살

탄불이 꺼져가는 아궁이
할 말을 잃은
하얀 구공탄
지독한 열감기 코감기에
누우런 코가 냉방을 점령하고
불덩이 같은 온 몸은
송장처럼 말이 없었다

등 뒤로 붙어버린 허기진 배
못난 자존심에 묻어버린
달동네 자취방엔
유난히도 하늘빛이 노랬다

창밖에서 들어오는 별들은
새벽에게 쫓기어
이불도 없이
오들오들 떨고만 있으니.

꿈

어제 전부 얘기했다
내 포부를

무엇을 어떻게 만들 것인가
무엇을 위해서
구상을 할 것인가

현재의 만족을 위해서
하루살이로
살길 바라는가

아니면 풍요로운 삶을
기대하며
힘든 계단을
밟기를 원하는가

쉬운 에스컬레이트를 밟고
가만히 서서
종착역을 기다리는가

이제 꿈을 보여 줄
내 시작 페이지를 장식 할
소설을 완성 할 것인가를.

숙성

조급함이 선잠을 설쳤다
아직 별이 총총하다
쉬지도 않고
그 곳만 바라보았다
숨이 차서 쓰러지기
딱 좋았다

아직 공의 각에만
신경을 곤두 세우고 있었다
웃고만 있다가
별이 사라져 가는 걸
보지 못했다

다시 시작 해 본다
여러 해 를 넘겼다
여전히 그 자리다

점점 쌓여가는
실력을 보지 못한다
여전히 잠을 설친다
희미한 하현달이 옅어졌다
점점 배가 불러왔다

이윽고
몇 해를 거듭한
밤의 향연으로
하얗게 세우게 되는
태양같이 뜨거운
희망을 밟으려는
변화를 주려 하고
있으니까요.

| 4부 |

미련 곰탱이

메뚜기

벼 들이 수줍은 듯
황금 물결 사이로
고개를 떨구고 있다

따가운 태양의
시선을 줄 곳
즐기려 한다

살갗이 따끔거리는
강렬한 빛으로
이슬이 감쪽같이
사라진 오후에

샛 노랗게 출렁이는
파도와 함께 돛을 달고
이 동네 저 동네 기웃거리며
어울려 놀고 있다

펄떡펄떡 거리며
배를 채우며
뜀 뛰기를 한다
허수아비의 시선을
한 몸에 받고 있는 걸

무지
행복하겠구나
넌.

나에겐

나에겐 새로운
또 다른 자아가
되어 줄 사람이
분명 있었다

많은 가르침의
원동력이 되어준
보배로운 사람

언제나
발전할 수 있도록
채찍이 되어준
미소가 가득 한 사람

삶의 무게를 버거워하는
어깨에 토닥이는
안마기와 같이
쉼터를 주는 사람

한 권의 책 처럼
살아 있다는
그 사실 하나만으로도
감동을 주는 사람

여전히 심장을
붉게 뛰게 하며
삶을 긍정적으로
노래한다

꿈꾸게 하는 삶과
상상력으로 기쁨을 주는
그런 사람.

미련 곰탱이

곁에 있을 때는 뭐가 소중한 것 인지를
항상 모르고 살지
불편함이 없이 바라만 볼 수 있는
존재였으니까

그저 평범함으로만 숨 쉬고 있는
하찮은 돌덩이
아무리 말을 해도 들리지를 않아
아무리 소리쳐도 돌아오지를 않아

이미 정해진 시간에 발을
들여 놓은 세계에서는 창조주가 아닌 이상
바꿀 수 가 없어

같은 하늘 아래 어쩌면 이렇게
다른 하늘을 보고 헛 웃음을

지어야만 하는 거니
하늘을 보고 또 다른 세상을
꿈꾸고 그려본다

하지만
이미 정해진 길에서 벗어나진 못한다
그 미련 곰탱이는 지금 하늘만
바라보고 있다

풍경을 고치는 지우개를 가지고
매일매일 꿈을 보고 있다
마음을 고쳐 먹는 붓으로
하늘을 향해 두 팔을 뻗어 본다.

절반

가지고 있는 너의 생각을
같이 나누자
즐겁지 않을까

당장 눈에 보이지는 않지만
그건 분명
기쁨이라고 믿고 싶은데

언제나 맘 속으로
외치는 각오가
흩어지지 않게
모으려 한다

닳도록 머릿속에서
춤을 추고 있다
네가 가지고 있는
생각을 가지고 싶어서

매일매일 너를
간절히 바라본다
심장 반쪽에
내가 설 자리가
있는지를.

창

네 두 눈은
시리도록 참 맑다
어쩜 이렇게
바라만 보고 있는데도
미소가 저절로 열리니

햇볕에 무수히
쏟아내는 투명함은
보기만 해도
황홀하기만 한데

네 자취는
그윽함이 담겨져
황홀한 눈 빛을
보내고 있다

어쩜 그렇게 깊은 내면을
내게 무수히
쏟아 놓으려고만 하는지

바라보면 볼 수록
가슴 열리게 하는
맘을
지니고 있는 너는

여전히 그 곳에서
아름다운 맘을
변함없이 열며
빛을 쏟아 내고
있는지를.

이상

연못 속에 비춰진 하늘은
유독히 푸르고 깊기만 했지
지난 날에 이루지 못했던
꿈을 항상 지니고 있었거든

매일매일 다른 모습으로
살며시 펼치며
다가온 너는

지난 세월에 혹독했던
편견으로 만류하던 길을
이제야 거슬러 보며
가슴 치며 한탄했었지

그런 간절함이 유독히 자리 잡는
오늘 같은 이 시간

그 서글픔은 가슴에서 영원히
잠들고 있거든

물 위에 떠 있는
하늘을 살며시
가리는 구름에게
답을 달라고 했던 거야

이젠
쉬어 갈 수 있는
현명함을 가진 태양의 눈을
달라고 했다고.

장독

숨 쉬는 향기 적당한 온도
강렬한 빛을 받아야
화사한 색감을
맹렬히 토해낸다

몇 해를 묵은 장
대대손손 전해져 오는
손맛의 비법

겹겹이 쌓여 있는
당신의 얼은
눈부신 태양 보다도
더 뜨거운
정렬의 옷을 입었잖아

처마 밑에 달려 있는 누우런 메주
발갛게 익은 땡초 만큼
붉은 정성이 차곡차곡 담긴다

해마다 빚는 국 간장과
구수함으로 익어가는 콩 된장은
꼬르륵거리는 배꼽의 노래를
더욱 부추기고

부글거리며 끓고 있는
된장의 노랫소리에
끝 없이 줄을 서 있는
장독들의 무리에
행복한 시선이 멈춘다.

모자

칭얼대는 자식에게
젖을 물렸습니다
행복 해 하는 얼굴에
미소가 가득합니다

어쩌면 이리도 이쁠까
무거운 피로가
구름 걷히듯이
사라져 갑니다

들에 일하러 갈 때
항상 등에 업었습니다
부모님의 따뜻한 등의 온기에
온 세상은 내 것이 됩니다

지금은 등이 굽으시고
제대로 걷지를 못하십니다
이미 가벼워진
당신의 무게에서
딱딱하고 축 쳐진 다리를
움켜 쥐고 있습니다

제 등에서 당신의 숨소리를
차근차근 조용히
읽어 가고 있습니다.

눈

세상을 바라보는 위치는
제 각기 다르지만
아름다운 모습에는
누구나가 공감을 하게 됩니다

세상을 바라보는 척도는
단계가 없지만
자신이 그 곳의 계단을
만들게 됩니다

제각기
다른 위치에서
자신의 기준에서
해석을 하기 시작합니다

행복의 기준을
물질로만 계산해서

비례한다고 착각하며
살고 있지요

하지만
물질적인 풍요를
누리지 못하는 사람들은
항상 불만을 가지며
투덜댑니다

행복한 가족이 있고
건강한 육체가 있는데도
그 축복을 모르고
살아가고 있으니 말입니다

가진 것 이 없어도
행복한 정신과 따뜻한 맘으로
하루라는 시간을
쓸 수 있다는 것 만으로도
현재의 내가 바라는 눈 입니다
바로
사랑이 담긴 눈이기 때문입니다.

수국

수줍은 화사함을 토하는
연보라 얼굴로
야무지게 치장하고
높은 하늘에게 우스꽝스러운
미소를 보냈던 거야

파아란 하늘은 살랑거리며
말을 걸고 있는 바람에게
넌지시 속삭였지

그 수많은 얼굴이 도대체
당신에게 뭐라고
재미있는 얘기를
하신 겁니까

분명
배꼽을 잡을 만한

우스갯소리일 거라는
확신에 찬 하늘이
잔뜩 기대 하고서
싱글벙글 거렸던 거지

미소를 흘리며
바람의 답을 기다리는 하늘은
헤벌쭉 거리며
미친 듯이 웃고
있었습니다

어찌 그리도
환상적인 모습으로
보는 이의 맘을
흔들고 계셨나요 라고
바람에게 답을
속삭였다고 했던 게지.

청춘

붉음이 좋았다
발그레함이
더 좋았다

수줍은 듯
피어 오른 살굿빛 마냥
우윳빛 터지는
감꽃과 같이
떫은 그 시절이
그리울 때다

동서남북으로
길을 열고
얼굴을 내민 자태는
고고하다

청초함이 묻어나는 향기는
코 끝으로 감기는
온아한 자태

과히 그 아름다움은
수줍은 색시의
연지곤지 색감이었지

언제나
기억 속에 있는 아름다움은
머물러서 좋은
시간이라서.

비상

설레발치는 고요
더 없이 솟구치는 동요
헛발길질에 나 자빠졌다

동동 구르는 발걸음
재촉하는 촉박한 시간
무너져 내리는 심정으로
악을 쓴다

부러진 어깨의
버거운 통증의 시작
내 팽겨진 삶의 전주곡
밟으라 한다

무너진 과오를 다지고
또

숨이 차 오르도록
달리라 한다

이젠
순서도 없다
오직
부러진 날개에 의지해서
일어서라 한다.

| 5부 |

비상

몸부림

환한 등 아래로
보여지고 그려지는 것 들
얼른 붙잡고 싶어서
메모를 한다

수 많은 단어들이
물 밀 듯이 썰물이 되어
손 끝으로 스쳐 지나간다

거침없이
하얀 백지에 휘 갈기기를
수차례 반복하는
습작을 거친다

까맣게 칠해져 있는
바닥에는

수정해야 하는 단어들만
덕지덕지 묻어 있다

고요가 감기는
새벽의 공기들 속에
별이 총총 박혀 있는
가로수에는
진한 몸부림으로
눈을 붙이는 시간
흔들어 깨우려 한다.

피라미드

빌딩 숲 사이로 보이는
희뿌연 빛 줄기
겹겹이 껴 있는
불 빛은 묶음의 거리감

그 숲에 존재하는
벙어리 미이라들
이상이 존재하는
누적되는 시체

얽매어져 있는
구속의 재료를 빙자하여
터무니 없는 사상에서
집을 짓고 있는 걸

감히
들여다 볼 수 없는
사실을 묻어 버리려
무거운 짱돌이
숨 막히게 쌓이고
퇴적되고 있는 걸

점점 좁아지는 하늘은
무거운 짐을
내게
숨 막히게
내려 놓고 있다.

목표

귓 속에서 꿈틀거리는
긍정이 말했다
원하는 것을
그려 보렴

지금 이 순간을
네 자신의 도화지에
숨 죽이지 말고
토해 보렴

자신의 피뢰침이
서 있다면
시간이 뭐 대수라고
투덜거리니

손바닥을 짚고서
일어서는 용기를
옹졸하게 접지 마라

변하지 않는 정신 속에서
꿈틀거리는 너는
청초한 오색 무지개

매일매일
내 몸속에서
살아 숨 쉬는 너는

어찌하여
가시 같이 깊이
박혀 있는가.

이슬

도르르 구르는 동선
푸르른 잎사귀에
입을 조용히 모으고
속삭인다

거미줄에
도르르 말려 있는
맑은 구슬은
눈부시게
태양에게 눈 웃음을
선사한다

오색 방울이
사다리처럼
하늘에 걸쳐 있을 때

시샘하는 뜬 구름은
비를
잔뜩 부른다

잠시
눈 붙이고 있던
청개구리
호박잎 사이로
무수히 흔들린다.

보이지 않는 연장

언제나 말로서
다짐을 합니다
뭐든지
과제를 할 수 있다고

하지만
늘상 행동 없는
말 뿐인 허구만
존재합니다

노력 없이 실속 없는
일을 하겠다는 말만
되풀이합니다

몇 해가 지났습니다
내 연장을 탓하고
있습니다

결국
시종일관 남의 탓만
되풀이하고
있습니다.

웃음

파도를 일으키는
해 맑은 너의 미소에
하얗게 부서지는
모래 알갱이들의
이야기 보따리를
한없이 풀어 놓았다

천진난만한
볼 우물에 패인
보조개는
터질 듯한 함박꽃으로
행복한 무지개가 섰다

입가에 머금고 있는
너의 미소는
붉은 석류 알갱이가
무수히 쏟아졌다

시원한 바닷물의 춤 사위는
살포시 어루만지는
뿌듯한 부모 마음이 되고

마냥 신기한
파도의 노랫소리에
갈매기의 즐거운 비명은
바다의 귀를 열게 한다

동심에 찬
어린이의 웃음꽃이
바다에게
하늘에게
높이 퍼지고 있다.

씁쓸한 미소

서로 보이지 않는 경쟁으로
너무나 고민에 빠져 있었지

남을 누르고
일어서려는 욕심이
도를 넘어 상당했었지

바라는데로
따라 주지 않았고
결국
서로가 소신대로
주관을 가지고
할 수 가 없었던 거야

바라는 일부만이라도
헤아려 주길 바랬는데
아무것도 아닌
물 거품이 되었구나

진실은 살아 숨 쉬고 있었지만
인정을 하지 않았고
억지스러운 변명만
늘어 놓기에 충분했지

내 것이 아닌 남의 것에
상당한 욕심을 부렸지
결국은 양심의 가책을
평생 짊어지는
길을 가면서까지 말이야.

달콤한 세상

눈부신 아침 햇살이
조심스럽게
나를 간지럽힐때
웃고 있는 두 눈은
미소를 훔친다

길 가에 속삭이는
새벽의 향기는
코 끝을 상큼하게
물들이는 초 계절의
문턱을 열고 있다

새롭게 익어가는
시간의 향기들
풋풋함으로 전해지는
푸른빛의 청초함이
더 없이 맑고 푸르다

보기만 해도
아름다운 결실은
무한한 감동으로
두 손에 놓여지고
황홀한 색감에
넋을 놓고 바라본다.

약속

손을 뻗으면
잡힐 거라 생각했는데
빈 공간을 허우적거리며
실 눈을 떴다
퍼뜩 열어 본 손에는
지금 아무것도 없다

언제나 곁에서
바라보는 애타는 가슴은
심장을 녹일 만큼
강한 그리움의 구토를
달고 사는데

뱃가죽이 들러 붙을 만큼
요동치는 위 경련은
저며 오는 고통 속에
하루하루 물들어 간다

그리운 얼굴을 어루만지며
함께 할 그 시간을
매번 꿈꾸며
함께 하자 던 시간 여행을
벌써부터 두근거리는
심장에게 토닥거리며
애써 진정시켜 본다.

피카소

날카롭게 교차하는
무한한 선의 궤도는
도형들의 화폭 전쟁을
방불케 하는 각색전의
잔치를 하고 있다

자신이 말하려는
스크래치 된 화폭의 언어
우주의 영원함을
한 폭에 압축시킨
쇼킹한 주제가 걸렸다

상상의 주제를 열고
몇 차원의 세계를
자유로이 넘나드는
타임머신의 황제로
희로애락이 숨어 있다

꿈을 자유로이 담는
화폭의 연금술사
변화무쌍한 화려한 마술사
당신을 보고 있는 머리는
당연히
미소와 탄성이
절로 나오지 않겠는가.

교감

내가 가지고 있는
무한한 세상 너도 느끼니
하늘을 보며 네게 말을 걸었지

종종걸음인 발 걸음에
초조한 현재를 견디지 못해서
고삐가 풀어 헤쳐진
망아지마냥
길길이 뛰고 있다고

같은 하늘 아래
두육신이 존재하지만
기약 없는 시간에
흐르는 세월을
붙잡고 만다

하늘을 통해 들려오는
너의 대답은
항상 같았지

네 심장에 뛰고 있는
너의 정열이
너무나 뜨겁고 애틋해서
손바닥엔 식은땀을
흘리고 있다고.

승리

손 바닥에 땀이 흐르고
물집이 잡혔던 손은
이제 굳은살로
열 손가락을 뒤덮고 있다

언제부턴가
내 신체의 일부가 되고 말았던
너라는 존재감이
너무나 뿌듯하고 가슴 벅찼다

바닥을 기는 결과가
눈 앞에 보일 때면
하늘이 왜 그렇게 미치도록
얄미웠는지

내 한계를 보이게 하는 너는
가차 없이 나를 궁지에

내 몰곤 했었지
울고 있는 나는 죽을 각오로
미친 오기로 네게
악을 쓰고 덤벼들었지

그 후로 몇 해가 나를
차츰차츰 진정시키기 시작했지
자신만의 길이
서서히 보이기 시작한 거야

그래서
이젠 널 향한 그리움으로
끝없이 내가 너를 잡는
그 날까지 달려가기로 약속했거든

그러니까
널 향한 맘을
진정 잘 알고 있다면
조금만 나를 이해 해줘
꼭
네게 갈 테니까.

| 6부 |

공간

상현달

무심코 올려다 본
새까만 도화지에
숨구멍이 반쯤 터였다

주기적으로 되돌아오는
시간들의 인사
원을 그리려고
무던히 애쓴다

부치지 못하는 편지를
올려 두었던
달님의 울타리에
수북히 쌓아둔 사연은
연방 토할 것 같은
사연이 올라온다

시제는 무한 무구하고
영원한데
지은이는 자신의 영감대로
즉각 즉각 나열하고
혹은 열람을 반복하는
서정들의 웃음꽃들

이젠
거친 숨을 몰아쉬던
하늘은 침묵하려고만 한다
조용히.

하늘은 왜 이토록 내게

많은 생각이 물밀듯이
밀려오면
주워담지 않으려고
머리를 수도 없이 흔든다

하지만 해바라기 씨 처럼
머릿속에 촘촘히 박혀 있는
온갖 상념들은
좀처럼
떨구어지지 않는다

조금이라도 느슨한 틈이 보이면
지지 않을세라
비집고 들어오는
불 필요한 이념의 세계는
허락도 없이 주인인냥
자리하고 앉았다

현기증 나는
고층 빌딩 숲에 갇혀버린
고독한 샘은
그렇게
지독한 신종 바이러스들로
구름을 만들어
떼거지로 몰려다닌다

빽빽하게 푸른색으로
도배하고 있는
내 머리 위의 세상은
온통 희망이란 단어를
무한하게 쏟아 붓고 있지만

정작 그것을
다 소화시키지 못하는 문제는
과포화 상태로
만들어지고 있었다

내 손에 쥐어진 열쇠를
아직 붙잡지 못하고
한동안 머뭇거리기만 하는데
많은 혼돈으로
방황하는 철부지는
원망 어린 눈초리로
눈물이 맺혔다

결국
세상이란 열쇠를 꼭 쥐고
부르르 떨고 있는 어깨가
희망을 향해 나가고 있음을 알고
천천히 고개를 들었다.

껍데기

팔을 뻗어 얻을 수 있는 것 이라곤
언제나 한정되어 있는
울타리 속의 보폭 뿐 이었고
숫자와 규칙에 얽매어진
관습에서 생활해야 하는
텅 빈 허수아비에 불과했다

그 둘레를 조금이라도
벗어나게 된다면
온 세상이 요동을 쳤고
머리가 터질 듯이 아픈 고통이
수 없이 찾아왔고
열 수 없게 만드는
더욱 단단한 철책 문으로
나의 길을 굳게 만들었다

숨 막히는 시간들 속에서
임종을 기다리는 암 환자처럼
인생의 대기 차량에
꼬사리 껴 있는 대기 차량처럼
지극히 평범하게
구조를 갖추고 있는
외형은 그럴싸했다

평범하고 정상적이지 못한
환경 속에 삶의 변화를 주지 못하는
소극적인 시간의 굴레 속에서
속으로만 그 분노를 삭여가며
억지로 다독여 가야만 했다

평생을 기다려야만 하는
기막힌 시간들에
보폭 좁은 동선만 그리며
두 손이 무거운 쇠사슬로
묶여져 있는 현재를
웃으며 받아 칠 줄 아는
유머와 위트가 꼭 필요 했었고

혼자 일어서야만 하는
없어서는 안 되는
용기가 꼭 필요했다

수렁으로 밀어 넣게 했던
인간의 모함을 고스란히 받고
있으면서까지 말이야

그로 인한 결과는
내 굴레를 더욱 더 수렁으로
더 깊은 심야 속으로
보내게 했던 그 시간을
양심의 가책 속에서
평생을 살아가게 된 너는
따가운 현실 속을 걸어야 하는 건
당연히 네 자신의 몫일 테지만
그로 인해 나 자신의
위치의 제 자리를 찾기란 넘 어려워.

팥빙수

달콤한 떡과 젤리가 입 안에서
팥을 만난 시원한
얼음 알갱이들과 어울렸다

한 숟갈 떠서
입안에 한 가득 고이면
시원함은 온 몸으로
퍼지기 시작한다

너무나 갑작스런 시원함에
머리가 띵 해지는 순간
손가락을 가져다 대고
생각하는 사람처럼
고민을 한다

달콤한 얼음 팥물은

아이스크림과 함께 어울려서
떠 먹는 즐거움의 시원한 맛은
이야기 속으로
하나 둘 씩 맛난 여행을
하기 시작한다.

창조의 세계

보이는 건 모두 예술
무형의 공간에서 만들어지는
자투리의 움직임은
하나의 춤 사위가 되고
창조를 만드는 싹이 된다

밝은 빛을 따라 흐르는 선은
마음을 움직이는
정확한 길을 만든다

음영의 공간에서
시작과 끝의 흐름으로
율동적으로 움직이는
간헐적인 빛의 몸부림이
그윽한 천리향의 향기를
발산하려고 한다

주변의 시선은
사물을 새롭게 만드는
오색 지휘봉을 요란스럽게
마구 흔들어 댄다

지나간 자리마다
새로운 사물들의 형상이
하나 둘 씩
만들어지고 만다
기어코.

뜨거운 심장

턱을 괴고 앉았다
뭐이 그리 골똘히
생각을 담을게 그렇게도 많은지
아무리 먼 곳에 떨어져 있어도
행복하기만 한걸

언제나 넌
해 맑게 웃는 미소로
날 바라보기만 했었지

웃고 있었던
천진난만한 네 미소는
항상 내 가슴 속에서
머무는 해바라기였지

널 생각하면
왠지 모르지만

얼굴이 자꾸만 선홍색으로
물들기가 일수였지

고삐 풀린 망아지 마냥
천지가 자기 세상인 냥
길길이 날뛰며
행복한 춤을
끝 없이 추고 있다

널 생각하면
밤을 지새고도 남는 시간으로
여전히
행복하기만 하고

손을 데일 만큼
뜨거운 심장은
여전히 널 향해
뛰고만 있는데
고장 난 가슴은
멈추는 방법을 정녕
모르는가 보다.

소나기가 지나간 자리

온 동네를 지글거리며
달구던 공기는
후두둑거리는
굵은 빗 방울에
놀란 가슴을 설쳤다

굵은 방울이 거리를
두드리는 소리는
화음이 되어
타 악기의 공연 시작을 알렸다

집중적으로 퍼 붓는
시원한 물 줄기는
보기만 해도 즐거운 걸

샤워기에서 쏟아지는
굵은 방울보다도

더 속 시원한
등물 같은 존재였다

희뿌옇게 보이는
빗 속의 건물은 우수에 젖은
한 폭의 그림이
완성되고 있다

거침없이 내리 퍼붓는
빗줄기는
오염으로 찌들은
퇴색된 도시를
깨끗하게 세탁하고 있다

비 그친 고요한 세상은
청초한 맑은 하늘에
구름을 몇 점 걸어두고 만다

들쑥날쑥한 건물 위로
한 폭의 전경이 펼쳐지고
말쑥한 하늘은
무더위 속에서도
높고 청명하기만 하다네.

공간

자신이 발을 딛고 서 있는
혼자만의 독립된 곳에서
대화를 하고 있다

언제나 발길이 머무는
아름다운 곳에서의
정교한 착지

거부할 수 없는
아름다운 곳에서
차분하게 자신의
입지를 굳힌다

다리가 없어서 달려 갈 수 없는
불구가 아니라
온전한 신체를 가지고 있지만

내 마음대로
허락할 수 있는
자신이 아니기에

언제나 쫓기듯 시간을 벌어야
몇 배의 갑절 인생을
보상 받는거와 같다고
분명하게 자취를
남겨 두고 싶다

진정 내가 서야 할 입지와
나아갈 세계를
온전하게 지배하기 위해서 말이야.

미지수

눈을 뜨게 되면
사실이 뭔지를
아주 잘 알게 될꺼야

언제나 지금 이 시간이 지나면
다가올 숫자에
다들 민감하고
신경을 가득 물들이고
날카로워지거든

밝히면 밝힐수록
우습게도 그 지랄 같은 이념은
더욱더 단단 해 지기만
하더라고

바닥 같은 삶 속에
포기란 그놈을
모르고 산 덕택에
주사위의 선택권이
하늘에서 툭 하고
기가 막히게
내 손에 떨어진 거지.

문지기

하루에도
몇 번을 고쳐 매는 연습을
지독히도 해야 한다

타고난 운명이기에
발을 뗄 수 없는
억척 같이 파란 나뭇잎에
달려 있는 듯한
송충이 벌레다

꿈틀거리는 몸부림에
언제나 붙어서
제자리를 고수하고
일일이 세상 밖의
이야기를 주워 담고
보자기에서 편을
가르기 시작한다

신분을 따져가며
지위를 막론하고
실리를 보려고
애를 쓰고 있는 걸
캐묻고 섰다

발을 움직이지 못하는 장애인
앞을 볼 수 없는
장대 같은 빗속에서
언제나 한결 같은
미소를 잃지 않는
너의 꿈을 보면서.

내 자리

변두리의 얇은
쪽빛 같은 달무리 인생같이
뿌연 기운으로 싸여 있는
평범한 존재의 원이다

언제나 존재의 가치를 상실한
실신한 지친 미소로
현재의 위치에
서 있는 내 자리는
항상 뒷전으로
심각한 고민에 빠져들었다

존재의 가치를 뭉개면
뭉개 버릴수록
더욱더 선명하게 누각 되지만
언제나

뒤에 가려져 있는 나의 자리는
존재의 가치를 잃어가게 하는
맥 빠지는 현실로
접어들고 있다고.

빈자리

미칠 것만 같은 소외감에
물밀 듯이 목을 꽉 조여 오는
무거운 하늘은

거침없이 숨 막히게 하는
모래바람으로
열변을 토하고 있다

벗어나지 못하는 정확한 괴도를
꿰뚫고 있지만
어느 누구도
답을 해 주지 못한다

일 년을 한결같이
묵묵부답으로 버텨 보지만
빈 수레의 움직임은

요란하기도 하고
허탈하기만 한데

아무리 아둥바둥
손으로 움켜쥐어 본들
내 것이 아닌데
욕심은 허영심에 불과한
요란한 악세사리

현재의 마음을 비우고
미래의 창을 살포시
열어두어
깃털 같은 발 걸음으로
구름 위를 걷는
가벼운 풍선 같은 맘이 되기를
내 빈자리를 찾아가기를.

삶의 성찰과 비상을 꿈꾸는 시적 상상력

– 조혜순의 시 세계 –

김 용 오

(시인 · 한국문협 시분과 회장)

(1)

우리 시단의 원로이신 [김윤성] 시인은 "꿈은 무의식의 세계이며 현실은 의식의 세계이다. 그러나 우리는 흔히 꿈 같은 현실, 현실 같은 꿈이라고 말을 한다. 이처럼 꿈과 현실은 가장 긴밀한 상호보완으로 우리 인생을 수 놓고 있다. 그리고 서로 상반되는 성질을 가진 이미지가 조화될 때 시의 창조적 힘이 나타난다는 말과, 꿈과 현실이 조화 있게 결합될 때 시의 창조적 힘이 나타난다는 말은 서로 일치한다는 것이다.

말을 하자면 결국 시는 이 영원한 세계, 꿈과 현실이 하나로 융합된 세계를 갈구하는 노력이다" 라고 썼다.

그런 맥락에서 보면 {조혜순}의 시 세계는 그녀가 꿈꾸는 세계와 현실이 상호 보완적으로 조화와 균형을 잘 이루고 있다고 볼 수 있다.

따라서 좀 더 구체적으로 그녀의 시 세계의 특징을 크게 요약하여 나누어 보자면 첫 번째 특징은 유년의 기억 속에 모닥불처럼 따뜻한 온기로 남아 있는 지난 세월의 추억들 즉 [지게] [고모] [봉선화] [회색그네] [뜨물 죽]에서 볼 수 있는 풍경들, 그 살아 꿈틀거리며 감동을 주는 아름답기 그지없는 시적 묘사들, 그리고 그 두 번째 특징은 그동안 삶을 살면서 부딪치고 깨어지고 다시 일어서려고 하는 삶의 성찰들이 주는 진정성에 대해서이며, 마지막인 그 세 번째 특징으로는 그런 아픔과 장애물들을 딛고 훨훨 날아보려는 상상력의 꿈들이 오롯하게 상호 보완적으로 떠 받치고 있다는 점이다.

그러나 우리가 앞으로 중점적으로 다루어야 할 문제는 그 두 번째와 세 번째의 특징에 대해서이다. 왜냐하면 이번 시집의 주요주제와 핵심이 그 속에 다 들어 있기 때문이다.

(2)

사실 시인들의 삶은 일반인들과는 같으면서도 다르다. 누구보다도 예민한 감수성의 촉수를 지니고 있기 때문에 남이 듣지 못하는 것도 들을 수 있고 남이 볼 수 없는 것도 볼 수 있고 또한 느낄 수 있는 견자의식을 가졌다고 볼 수가 있다. 물론 구체적으로 무엇이다. 라고 드러나 있지 않고 추상화되어 있긴 하지만 [조혜순] 시인을 괴롭히고 억압하는 그 "검은 손"에 대하여 그녀는 이렇게 이야기하고 있다.

검은 손이 세상을 움켜쥐었다.
점점 쪼그라드는 거침없는
심장의 발작
숨을 조여 오는 압박은
세상의 번뇌

멈추지 않은 불타는 증오는
온몸을 후벼 파고든다.
파르르 떨리는 입술은
차마 세상에게
할 말을 다하지 못한다.

삼라만상의 소우주가
이방의 세계로
흩어져 가고

–「응급실」 전문 –

[응급실]에 실려가야 할 만큼 그녀는 심신이 아픈 환자다. 어쩌면 그것은 눈에 보이는 육신의 병이 아니라 시인의 심리적 공간을 불태우고 어지럽히는 세속의 꼴불견들과 불의의 사연들일지도 모른다. 그녀는 "차마 세상에게/할 말을 다하지 못한다."라고 스스로 자책하며 머리를 떨어트리다가도 "세상의 모든/ 무게 중심을 떠받들고//일 년 삼백 육십 오일을/두 발로 서 있구나//이 세상 어느 곳이든 /따라가지 않을 수 없구나."라는 새로운 자아의식에 눈을 뜬다. 그리고 다시 온몸을 툭툭 털고 일어나서 두 주먹을 불끈 쥐는 힘 있는 모습을 보여준다.

지그시 눈을 감는다.
모든 시름 다 안고
버거운 팔을 벌린다.

오늘 내가 견뎌야 하는
버거운 숙제를
모든 인연의 끈을
놓고 싶지만

모든 게 순리가 있다고
용을 쓰라고 한다.
시력이 다한 세상은
거침없는 발악을

-「사투」 전문 -

위의 예시에서 보여주고 있는 것처럼 힘든 내면적 싸움에서 얻은 것이지만 그녀의 새로운 인식전환은 정말 눈물겹고 아름답게 여겨진다. 늘 사위에서 짓눌러오던 깜깜한 절망의 늪에서 그녀가 발견한 빛은 한 마디로 "순리"다. 그리고 놀라운 삶의 성찰이 뒷받침되고 있으며 새로운 힘이 되고 있다. 그것을 좀 더 확대해석을 하면 어떤 질서와 순리라는 우주의식에 눈을 뜨게 되었다고도 할 수 있다.

그로 인하여 [조혜순] 시인은 눈이 부실 정도의 시적 성장을 이루게 되었으며 세상을 향한 그녀의 눈짓 몸짓 표정들이 또 다른 긍정의 세계로 탈바꿈하는 새로운 양상을 보여주게 되고 있는 것이다.

(3)

그녀의 새로운 시적 깨달음 즉 견자의식은 삶의 동서남북을 가리지 않고 퍼져 나가고 있으며 "애타게 부르는 자신에게/쉼 없이 변하는/카멜레온의 변화무쌍한/ 힘을 보았기에"라고 노래할 만큼 자신만만하게 세상을 헤쳐나갈 원인과 이유를 알고는 다시 한 번 더 진정성 있는 삶의 성찰을 반추하기 시작한다.

아침에 눈을 뜰 수 있는 사실은
오늘이 있다는 걸 알기 때문이지

아침에 웃을 수 있는 사실은
스스로 자신에게 만족하기 때문이지

(중략)

아침에 심장이 뛰는 이유는
살아있다는 사실을
분명 뜨겁게
설명했기 때문이지

아침에 사랑이
피어나려고 하는 이유는
꿈속에서 보았던 봉우리가
눈을 뜨는 힘이
비로소 열리기 때문이다.

-「힘」 전문 -

새롭게 눈을 뜨기 시작한 자아인식의 전환은 전혀 무리가 있거나 억지가 없다. 너무 자연스럽다.

스스로에게 묻고 스스로가 답을 하는 자문자답의 형식으로 시화하고 있기 때문에 누구에게나 감동을 줄 수 있는 시다. 결국은 "사랑"이 세상을 견디고 이길 수 있는 근원적인 "힘"이라는 것을 새삼 확인하고 있을 뿐만 아니라, 살아 있다는 그 자체만으로도 감사하고 기쁠 수밖에 없다는 가장 인간적인 실존의식을 보여주고 있다고 해야 하리라.

언젠가 환하게
웃고 있는 나에게
먼저 박수 갈채를 보낸다.

하루하루를 무사히 보냈는지
매일매일 떠 올려 본다.

가족과 함께할 수 있음으로
존재의 의미를
비로소 알게 되었다.

–「행복」 전문 –

더욱 흥미로운 점은 타인에게 박수를 치는 것이 아니라 절망의 늪을 빠져나와 이렇게 청아하게 "웃고 있는 나에게" 박수를 보내고 있다는 사실이다.

남을 사랑하게 전에 우선 자신부터 사랑할 줄을 알아야 한다는 역설적 진리를 몸소 체득했다는 것은, 그녀가 알고 있는 깨달음의 경지가 어느 정도 인가를 알게 한다. 따라서 새삼 가족의 소중함도 다시 느끼고 그것이 바로 자신의 존재 이유라는 것도 함께 알게 된다. 그렇다면 그녀는 시인으로서도 인간으로서도 성숙 할대로 성숙했다는 증거가 되고 있는 것이다.

(4)

결국 이번 시집을 관통하여 흐르는 큰 물줄기는 주어진 현실과 비상을 꿈꾸는 그녀의 시적 세계를 서로 창조적으로 융합하여, 미지의 독자들에게 어떻게 하면 감동적으로 다가서 가는가에 모아져 있다고 해도 과언이 아니다.

다시금 좀 더 구체화시키고 단순화시켜 이야기하자면 세상 사랑하기라는 긍정적인 현실과 좋은 시 쓰기라는 꿈의 실현으로 보아도 무리는 아니다.

그래서 그녀는 "나만의 성서에서는/수만 가지의 집을 짓고/허물 수 있는/조물주가 된다.//가질 수 없었던 모든 세상은 /상상을 동원한 이상의 세계로/하얀 도화지에/오만 삼라만상의 /총천연색이 입혀지고/입체적인 사물의/윤곽이 잡혀지기 시작한다."라며 무한한 시적 상상력을 동원하기 시작한다.

시인에 있어서의 상상력이란 창공을 나는 새들의 날개와 같다. 따라서 어디든지 갈 수가 있고 무엇이든지 만들 수 있는 창조주를 닮아 갈 수 밖에 없는 것이다.

그런 면에서 보면 [조혜순] 시인, 그녀는 현실과 꿈이라는 두 개의 이질적인 세계를 아주 잘 결합하고 있으므로 드물게 성공한 시인이라는 뜻도 된다.

그렇다고 하여 물론 손쉽게 얻은 것이 아니다. "손에 땀을 쥐게 했던/수많은 시간 속에서/쉼 없이 다져왔던 각오// 자신과의 싸움에서/치열한 결투로" 얻은 것임을 말하고 있으니까 말이다.

뿐만 아니라 그녀는 [밤나무]라는 시제의 작품에서 "장대 치켜든 두 팔은 /어깨 무거운 줄 모르고/광주리에 수북이 담긴/행복에 해 넘어간다."라며 심히 자족해한다. 그래서 그녀는 [달콤한 세상]이라는 시를 쓸 수가 있었고 [승리]라는 시도 쓸 수 있었는지 모른다.

그러니까 이제까지의 그 모든 것을 종합해보면, 이미 그녀는 등단 시절부터 나름대로의 시적 세계와 대상인식이 뚜렷하게 확립된 개성 있는 시인으로 보이며 앞으로 가야 할 미래의 시적 지향성도 함께 내재하고 있다고 해도 전혀 손색이 없지 않을까.

또한 바로 그런 요소들이 우리들에게 그녀의 두 번째 시집을 기다리게 하는 이유가 될 수 도 있다.

그러므로 어쩌면, 이번 시집 한 권으로 그녀는 자신도 모르는 사이에 이미 확고한 시인으로서의 위상과 능력을 충분히 입증하고도 남은 셈이 되고 있는 것이리라.

초판 인쇄 2012년 9월 01일
초판 발행 2012년 9월 08일

지은이 조혜순
펴낸이 임수홍
편집디자인 맹신형
발행처 : 도서출판 국보
주소 : 서울시 강동구 길동 395-3 2층
전화 : (02) 476-2757~8, 7260
FAX : (02) 476-2759
카페 : http://cafe.daum.net/lsh19577
E-mail : kbmh22@hanmail.net

값 10,000원

ISBN 978-89-93533-36-1 03800